In der Reihe der EDELSTEIN-BÜCHER
sind noch erschienen:

Rosenquarz – Ich schenk dir Harmonie
ISBN 3-8157-3457-6

Mondstein – Ich schenk dir Energie
ISBN 3-8157-3458-4

Bergkristall – Ich schenk dir Klarheit
ISBN 3-8157-3460-6

5 4 3 2 1
ISBN 3-8157-3459-2
© 2004 Coppenrath Verlag, Münster
Typographie und grafische Gestaltung:
Eric Ericsson, David McGinty
Alle Rechte vorbehalten, auch auszugsweise
Printed in China
www.coppenrath.de

Monika Buschey

BERNSTEIN

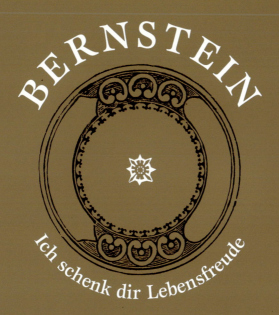

Ich schenk dir Lebensfreude

COPPENRATH

Die Kraft
der Steine

Schon seit Urzeiten gelten Edel- und Halbedelsteine als Glücksbringer und als Heilmittel bei Beschwerden und Krankheiten. Auch wenn die Wissenschaft die positive Wirkung der Steine bis heute nicht eindeutig erklären konnte, ist ihre suggestive Kraft doch unbestreitbar. Zunehmend besinnen sich die Menschen in jüngster Zeit wieder auf die Heilkräfte der Natur. Im Zuge der schrittweisen Anerkennung und Neubelebung jahrtausendealter Heilverfahren, von denen sich viele gerade auf feinstoffliche Wirkungen berufen, wird auch den Steinen wieder eine höhere Bedeutung beigemessen.

Steine sind ein kostbares Geschenk der Natur. In Jahrmillionen haben sie nichts von ihrer geheimnisvollen Schönheit, ihrer schimmernden Transparenz und Tiefe verloren.

Sei es als Handschmeichler, als Talisman in der Hosentasche oder als Schmuckanhänger – Steine als ständige Begleiter spenden ihrem Träger positive Energie, Stärke, Schutz und Trost in allen Lebenslagen.

Von den besonderen Kräften des

Bernsteins

erzählt dieses Buch.

Licht,
Energie,
Wärme:

Mit einem Bernstein kommt man gut durch den Winter. Und auch im Sommer ist es eine helle Freude, dieses besondere Stück Gold bei sich zu haben. Warm und leicht liegt es in der Hand, es schmeichelt dem Auge und der Haut gleichermaßen. Die Griechen sprachen vom Sonnenstein und schon in ganz frühen Zeiten, als der Mensch eben auf zwei Beinen stand, hängte er sich zum Schutz vor Gefahren jeglicher Art Amulette aus Bernstein um den Hals.

In allen Kulturen wurde Bernstein – der ja kein Stein ist, sondern ein fossiles Harz – als Glücksbringer und Gesunderhalter hoch geschätzt. Und weil er den Fluss der Energie in Körper und Seele fördert, tröstet er die Beladenen und beflügelt die Verliebten in jeder Phase der Nähe. „Deine Küsse duften wie geriebener Bernstein", heißt es bei Ovid. Metamorphosen, Verwandlungen also, sind das Spezialgebiet dieses römischen Dichters (43 v. Chr. bis ca. 17 n. Chr.). Sein berühmtestes Werk umfasst ganze fünfzehn Bücher mit rund 12.000 Hexametern. Von 250 Verwandlungen wird darin berichtet.

Eine der wunderbarsten „Verwandlungen" erzählt von
der Entstehung des Bernsteins:

Phaethon ist der Sohn des Sonnengottes Helios und der
Klymene, einer Tochter des Oceanos. Der junge Mann lebt
bei seiner Mutter und seinem Stiefvater. Eines Tages
entzündet sich ein Streit zwischen ihm und einem Freund,
dem gegenüber er sich mit seiner göttlichen Abstammung
hervorgetan hatte. Den Freund ärgert das und er meldet
Zweifel an: Phaethon sei womöglich gar kein Götterkind.
Voller Empörung eilt der Sohn zum Vater und bittet ihn
um ein Zeichen, um einen Beweis.

Er möge sich nur wünschen, was sein Herz begehrt, entgegnet Helios mit großer Geste. Phaethon wünscht sich nur Eins: Er möchte einmal da stehen, wo der Vater steht, einmal nur den Sonnenwagen lenken und mit den Pferden über den weiten Himmel jagen. Helios ist bestürzt: Ganz so war es nicht gemeint. Er warnt den Sohn, nicht einmal Zeus könne den Wagen lenken, er bestürmt ihn auf sein Ansinnen zu verzichten. Vergebens. Phaethon besteht auf seinem Abenteuer. Zuerst grollend, dann wehklagend gibt Helios nach. Zitternd und weinend überlässt er dem Verwegenen seinen Wagen – wohl wissend, dass der Sohn nicht mehr lange zu leben hat.

Am Anfang geht alles gut – aber dann wird der jugendliche Wagenlenker übermütig. Er treibt die Pferde an, er lenkt den Wagen mit ungeschickter Hand.

Sie spüren, dass da ein Unerfahrener am Werk ist, und brechen aus. Schon geraten die Gestirne in Verwirrung, die kosmische Harmonie ist gestört und als schließlich die Erde Feuer fängt und ins Chaos zu stürzen droht, greift der Göttervater selbst ein: Zeus schleudert einen Blitz, der den unglücklichen Phaethon vom Wagen wirft und tötet. Er stürzt in einen Fluss, an dessen Ufer sich seine Schwestern, die Heliaden, versammeln. Um dem Bruder nah zu sein verwandeln sie sich in Pappeln und die Tränen, die sie seinetwegen vergießen, tropfen in den Fluss und werden zu Bernstein.

us streng naturwissenschaftlicher Sicht wäre der Geschichte natürlich noch Einiges hinzuzufügen, aber Eines trifft Ovid mit seiner Beschreibung doch sehr genau: Das, was einmal zu Bernstein wird, tropft tatsächlich als Harz aus Baumrinden. Goldene Tränen, die sich langsam verhärten. Der große römische Naturforscher Plinius hat für solche poetischen Bilder und fantastischen Szenarien allerdings gar keinen Sinn. Er nennt sie „einen Hohn auf die Menschheit und eine unerträgliche Frechheit im Lügen". Seine Version hört sich denn auch viel nüchterner an:

„Der Bernstein entsteht aus dem herabfließenden Mark von Bäumen aus der Gattung der Fichten. Durch Kälte oder durch die Zeit und durch das Meer verdichtet er sich, wenn ihn die anschwellende Flut von den Inseln wegführt; ohne Zweifel wird er an den Küsten ausgeworfen, wobei er derart hin und her rollt, dass er zu schweben und nicht auf den Grund zu sinken scheint. Unsere Vorfahren haben geglaubt, es handle sich um den Saft eines Baumes, und nannten ihn deshalb Succinum. Zum Beweis seiner Herkunft aus einer Gattung der Fichten dient der fichtenartige Geruch, der beim Reiben entsteht, und die Tatsache, dass er, wenn man ihn anzündet, wie Kienholz brennt und duftet."

Tatsächlich ist die Wissenschaft bis heute damit beschäftigt, den genauen botanischen Ursprung des Bernsteins zu erforschen und herauszufinden, wie er sich bildet. Fossile Harze jedenfalls sind schon aus der Steinkohlezeit, dem Karbon, bekannt. Unvorstellbare 360 Millionen Jahre liegt diese Phase der Erdgeschichte zurück. Wälder aus Schachtelhalmen und Farnen wucherten damals – auch erste Nadelbäume. Sehr viel Harz haben die allerdings noch nicht hergegeben. Die Bernstein-Mengen, die aus dem Baltikum kommen, bildeten sich, soweit man weiß, vor rund 65 Millionen Jahren in warmem, subtropischem Klima. Dort herrschten Temperaturen wie im heutigen Südchina.

ie Wälder in dem Gebiet, das heute Baltikum heißt, bestanden aus Koniferen, Palmen und Eichen, aus Buchen, Ulmen, Kastanien, Weiden und Zimetbäumen. Die Wissenschaftler nennen die Baumarten, die das Harz produzierten, aus denen später die verschiedenen Bernsteine entstanden, „Bernsteinbäume". Sie wollen sich aber nicht so genau festlegen, welche Bäume das denn nun sind. Im 19. Jahrhundert wurde die Kiefer als Mutterbaum des baltischen Bernsteins angesehen.

Sicher ist nur, dass in den verschiedenen Regionen der Erde
jeweils andere Baumarten die
honigfarbenen Tränen hervorbrachten.
Es ist dann noch einmal eine komplizierte
und lange Geschichte, wie aus Harz das wird,
was wir Bernstein nennen. Und wieder
endet sie mit dem Satz: Genau weiß man es
nicht. Unter welchen Bedingungen bestimm-
te Prozesse abgelaufen sind, um aus einem
Klumpen Harz ein Bernsteinstück entstehen
zu lassen, ist in letzten Feinheiten noch
immer ein Rätsel.

an weiß aber, dass die Fundorte des Bernsteins nicht da sind, wo einst die Bernsteinwälder gestanden haben. Es gehört eben zu seiner Entwicklung, dass er weggespült und zwischengelagert wurde und auf diese Weise mit verschiedenen Elementen und Klimazonen in Berührung kam. Die Umlagerungen führten dazu, dass das heutige Verbreitungsgebiet des baltischen Bernsteins bis weit über die Grenzen des ehemaligen Entstehungsgebietes hinausgeht. Es erstreckt sich vom Samland aus über Masuren, die ostbaltischen Länder bis nach Russland hinauf über Polen, Oberschlesien, Sachsen, die Mark Brandenburg, Westfalen und Holland. Im Westen liegt die Grenze des Verbreitungsgebietes an der englischen Ostküste, im Norden in Finnland.

Er ist also nicht nur Millionen Jahre alt, der Sonnenstein, es hat ihn auch weit in der Welt herumgetrieben. Zwei Gruppen unterscheiden die Fachleute: den maritimen Bernstein und den Landbernstein. Was die Ostsee an Steinen hergibt, ist schön glatt poliert, außerdem wirkt das Meerwasser konservierend. Der Landbernstein ist durch Gletscher-bewegungen fortgetragen und zusammen mit Kiesel und anderem Gestein abgelagert worden. Seine Oberfläche, die so genannte Borke, ist rau, rissig, löchrig und nachgedunkelt.

Im deutschen Sprachraum hat der Bernstein seinen Namen seit dem 13. Jahrhundert. Bernen oder börnen hieß „brennen", und so nannte man den entflammbaren, leichten Brocken „Bernstein", den brennenden Stein. Der Name „Saftstein" – so hieß er bei den Römern – bezieht sich darauf, dass dieser Stein eben aus einem Saft entstanden war, der aus der Baumrinde tropfte. Im antiken Griechenland hieß er aufgrund seiner elektromagnetischen Eigenschaften „Elektron". Denn dass dieser Stein, wenn man ihn reibt, Fasern, Stroh, Haare und alles, was leicht ist, anzieht wie ein Magnet das Eisen, gehört zu seinen charakteristischen Eigenschaften.

Irgendwo im unwegsamen Norden vermuteten die Griechen das
geheimnisvolle Bernsteinland. Einige antike Berichte sprechen von
Bernstein-Inseln, von wo aus die Steine ans Festland gelang-
ten und weitertransportiert wurden. Phönizische Händler hatten
davon erzählt. „Den Beginn des Bernsteinhandels verdanken wir
der Kühnheit und Ausdauer phönizischer Küstenfahrer", schreibt
Alexander von Humboldt.

ber weit verzweigte Wege gelangte das kostbare Gut in den wirtschaftlich und kulturell höher entwickelten Süden. Seit etwa 1500 vor unserer Zeitrechnung gab es einen regelmäßigen Tauschhandel zwischen den nordeuropäischen Küsten und den kulturellen Zentren rund ums Mittelmeer. Neben Gold, Silber und den Edelsteinen hat sich der Bernstein immer gut behaupten können. In Königsgräbern von Europa bis zum Orient fanden sich Kunstgegenstände und Schmuck – ein Beweis dafür, wie hoch er geschätzt wurde und dass Künstler und Handwerker etwas mit ihm anzufangen wussten. So zum Beispiel in der kretisch-mykenischen Kultur oder in einem der ältesten Kulturländer der Erde, in Ägypten. Dort fanden die Archäologen immer wieder Grabbeigaben aus Bernstein – in großen Mengen auch im Grab des Pharaos Tutenchamun.

nd ausgerechnet der Außenseiter unter den Steinen wurde bereits in vorgeschichtlicher Zeit zusammen mit dem Elfenbein zu Schmuck verarbeitet. Auch als Zahlungsmittel hat Bernstein eine Rolle gespielt und phasenweise war er kostbarer und begehrter als Gold. Menschen der Urzeit schrieben ihm magische Kräfte zu: Ein Stein, durch den man hindurchsehen konnte, der vielfarbig war, geheimnisvoll glänzte, magnetisch wirkte, brennbar war und im Verbrennen einen harzigen Geruch verströmte, musste etwas ganz Besonderes sein. Da lag es nahe, ihn als Schmuckstein zu erwählen und seine Heilkraft auszuprobieren, wenn man krank war. Warum sollte ein Stein mit magnetischen Kräften nicht auch Schmerzen aus dem Körper herausziehen und der Seele Frieden geben können?

Von der **Magie** zur Medizin ist der **Weg** nicht weit.

**I**m Altertum, wie Plinius erwähnt, setzte man Bernstein ein um Fieber zu lindern. Dazu musste man ihn sich in den Nacken legen. Pulverisiert und mit Rosenöl vermischt eingenommen, half der goldene Stein bei Magenleiden. Der griechische Arzt Dioskurides erwähnt ihn in seiner „Materia medica" ebenfalls als Medikament bei Stoffwechselproblemen. Andere Heilkundige sahen im Bernstein ein universelles Mittel, das gegen alles half. Die mittelalterliche Literatur schließt sich weitgehend dem antiken Vorbild an und empfiehlt den brennbaren Stein außerdem bei Halsschmerzen und Herzzittern. Bernstein zählte zu den sechs Medikamenten von größter Wirksamkeit. Im 12. Jahrhundert hat Hildegard von Bingen, die heilkundige Äbtissin, mit vielen Steinen, Kräutern und Mineralien experimentiert. Natürlich ist sie auch am Bernstein nicht vorbeigekommen. Und noch in der frühen Neuzeit hatte jede gut sortierte Apotheke den Bernstein ganz selbstverständlich im Angebot.

„Oh, wenn du reden könntest, kleine Fliege"

o immer man hinsicht: Der Bernstein hat in jeder Hinsicht faszinierende Aspekte. Auf seiner Spur lässt sich die Geschichte der Menschheit erzählen – und die der Erde. Denn der Bernstein, der sich ja aus flüssigem und klebrigem Harz gebildet hat, bringt aus der Zeit seiner Entstehung Passagiere mit, die sich im fernen Damals, also vor Jahrmillionen, in ihn eingebettet haben.

„Oh, wenn du reden könntest, kleine Fliege", seufzte der Philosoph Immanuel Kant, „wie ganz anders würde es um unsere Kenntnisse der Vergangenheit bestellt sein."

och auch ohne dass die Fliegen sprechen können, hat sich den Wissenschaftlern durch die Inklusen – so nennt man die Einschlüsse im Bernstein – allerhand mitgeteilt. Wenn man ein Stück Bernstein mit Inkluse gegen das Licht hält, sieht man eine Art Momentaufnahme: ein Insekt, das mit dem tödlichen Klebstoff in Verbindung kam, in den letzten Momenten seines Lebens. Für Fliegen, Mücken, Käfer, Bienen, Asseln, Tausendfüßler, Spinnen und Ameisen war das Harz eine Falle. Sie blieben hängen und versanken entweder sofort – wenn die Masse weich genug war – oder sie wurden von nachfolgenden Harzströmen eingeschlossen. Manchmal sind noch Spuren vom Todeskampf abzulesen, wenn ein Insekt versuchte, sich mit aller Gewalt loszureißen und dabei einzelne Gliedmaßen eingebüßt hat.

Es gibt Steine, die einen ganzen Insekten-

schwarm enthalten. Offenbar angelockt und

betört vom Duft der ätherischen Öle, hatten

sich die Tiere begierig und in Erwartung von

Blüten und Pollen auf dem Harz niedergelas-

sen. Auch Säugetiere und Vögel haben ihre

Spuren hinterlassen. Man hat Haarbüschel

und Federn gefunden und sogar den Fuß-

abdruck eines Beuteltiers.

eimkehrend aus der Frühzeit, der Sagenwelt der Antike und aus der Welt der mittelalterlichen Bräuche, finden wir den Bernstein heute vor allem in der Schmuckherstellung und im Kunsthandwerk. Zwar hat auch schon Homer von Halsketten, Ringen und Brustschilden aus Bernstein erzählt. Aber bei uns konzentrierte sich der Umgang mit dem honigfarbenen Kleinod erst in jüngerer Vergangenheit wesentlich aufs Dekorative. Noch ganz neu ist die Wiederentdeckung des Bernsteins als Heilstein.

Wenn wir uns aber erst einmal im Bereich von Geschmeide und Gefäßen, Ketten, Ringen, Wandverkleidungen, Möbeln und Schatullen befinden, fällt der Blick natürlich auch auf das legendäre verschollene Bernstein- zimmer. Ein Stilgemisch aus Barock und Rokoko, so kostbar, so überreich verziert und prachtvoll, dass es noch weit über die Entstehungszeit hinaus als achtes Welt- wunder galt. Im Mai 2003 wurde die Rekon- struktion im Jekaterinenpalast in St. Petersburg feierlich der Öffentlichkeit übergeben. Das originale Bernsteinzimmer war ein Geschenk des Soldatenkönigs Friedrich I. an Zar Peter den Großen. 1717 kamen die Kisten mit den verpackten Einzelteilen in St. Petersburg an.

Im Zweiten Weltkrieg ging das kostbare Bernstein-kabinett – das sorgfältig zerlegt worden war um es vor Schaden zu bewahren – verloren. Die Spekula-tionen, was damit geschehen ist und wo es geblieben sein könnte, dauern an. Zu der Zeit seiner Entstehung erlebte die Bernsteinverarbeitung gerade eine Blüte. Für Klerus und Adel entstanden repräsentative Kunstwerke: Möbel, Kruzifixe, Bilder-rahmen, Rosenkränze, Monstranzen. Außerdem kam die Furnier-technik mit Bernstein richtig in Mode.

Unter den Gebrauchsgegenständen spielten die Utensilien für Raucher eine immer größere Rolle. Bernstein wurde und wird bis heute zu Pfeifen- und Zigarettenspitzen-Mundstücken verarbeitet. Einmal, weil es schön aussieht, zum anderen, weil der Tabak besser schmeckt, wenn sein Rauch mit dem Stein Kontakt hat. In den 30er-Jahren des letzten Jahrhunderts posierten in einer Werbeaktion der Schmuckindustrie schöne Frauen mit Bernsteinketten: Lil Dagover zum Beispiel und Olga Tschechowa.

Seit man neuerdings wieder einen Sinn hat für die gute Wirkung von Steinen und Mineralien auf Körper und Seele, kann der Bernstein sich als inspirierende Kraft bewähren, die die Lebensfreude weckt und Begeisterungsfähigkeit schenkt. Ist das Gemüt erst mal aufgehellt, wirkt der Mensch fröhlich und unternehmungslustig. Es heißt, dass Bernstein die Entscheidungsfreudigkeit fördert und einen Ausgleich schafft bei Ratlosigkeit und depressiven Gefühlen.

Die Heilwirkung auf den Körper ist vielfältig. Alle Arten von Hautkrankheit kann er heilen oder zumindest für Linderung sorgen: Allergien klingen ab, ebenso Pickel, Pusteln, Flechten und Schuppen. Außerdem bekämpft er Entzündungen im Mund- und Rachenraum und lindert bei Kindern die Schmerzen beim Zahnen. Knochen- und Gelenkerkrankungen sind seine besondere Spezialität: Er hilft bei Arthritis, Rheuma, Gicht, Arthrose sowie bei Entzündungen der Sehnen und Nerven. Als Kette oder Anhänger getragen, aktiviert Bernstein außerdem den Stoffwechsel und harmonisiert das Zusammenwirken von Leber, Galle, Dünndarm und Magen. Von den Chakren, die in der indischen Heilkunde eine Rolle spielen, spricht er besonders das Nabel-Chakra (den Solarplexus) an.

Die schönste Huldigung an den
Bernstein kommt natürlich
aus Dichtermund. Eine
poetische Liebeserklärung:

„Ihr Mund war duftend
wie der Rosenhain
Paestums,wie erster
Honig aus Attikas
Waben,wie eben aus
der warmen Hand ein
Stück Bernstein."

Herkunft: Bernstein findet sich an der baltischen Küste, in Litauen, Polen, Deutschland, außerdem in der Dominikanischen Republik.

 Man kann ihn als Handschmeichler kaufen oder, zu Schmuck verarbeitet, als Splitterkette, Babykette, Anhänger.

 Sternzeichen: Der Bernstein ist den Zwillingen zugeordnet, dem Löwen und der Jungfrau.

 Er wirkt vor allem auf das Nabel·Chakra (den Solarplexus).

 Härte: 2 bis 2,5